L'ÉCONOME DE L'ABBAYE

ÉPISODE

———

Chevauchée haletante des avant-gardes bariolées ; défilé poudreux des sombres colonnes de l'infanterie ; écoulement sonore des batteries aux bruits de ferraille ; débandade éclopée des traînards ; roulement cahoteux des convois qui ébranlaient les maisons et faisaient sonner les vitres ; tout cela était passé. Le grondement du canon s'était éloigné, puis éteint, dans l'Ouest, comme le soleil couchant.

Au torrent des premiers jours succédait maintenant une invasion plus lente, plus méthodique, peut-être encore plus cruelle aux populations épuisées. Derrière les combattants, des troupes d'étapes, chargées de garder les lignes de communication ; sur ces lignes, des détachements en marche, des isolés rejoignant leurs corps, des levées récentes, des bataillons de *landwehr* appelés à l'activité : troupes moins endurcies à la fatigue, moins patientes aux privations que l'armée de première ligne ; moins enthousiastes aussi, et, surtout, moins occupées de vaincre que de bien vivre aux dépens du vaincu.

Il est dur de subir chez soi le cantonnement de vingt

avait une égale aptitude à l'administration et au commandement, et il eût fait un excellent capitaine, comme il faisait un bon prêtre et un économe remarquable.

Pourvoir aux besoins de ses malades, alimenter le personnel, parer aux imprévus, faire, à l'occasion, tête aux Allemands pour préserver du pillage le matériel confié à sa garde, dure était certes sa tâche actuelle. Dans le pays ruiné, les vivres se faisaient rares ; chacun cachait, retenait ses ressources ; c'est en payant de sa personne, dans des démarches lointaines, souvent ingrates, partie priant, partie exigeant au nom de relations ou d'obligations antérieures, que l'abbé faisait face aux lourdes charges de la situation.

Ce jour-là, il avait fait six lieues à pied pour obtenir d'un cultivateur quelques sacs de pommes de terre. A demi rassuré pour les jours les plus prochains, il pressait le pas sur le chemin de son retour.

Une fine bruine de dégel tombait, verglassant le sol des routes et les pavés inégaux de la petite ville. La nuit commençait obscure ; à peine de rares lumières perçaient-elles cette froide buée. Dans les rues, personne ; seule, la sentinelle devant les armes, au poste établi à l'hôtel de ville

L'abbé l'avait dépassée, il venait de s'engager sur le pont, étroit et désert ; il apercevait, par delà l'eau, une lueur plus vive échappée des hautes fenêtres de l'Abbaye ; il se hâtait vers ce phare, lorsque paraît une ombre zigzaguant d'un parapet à l'autre.

L'économe reconnaît un soldat, coiffé du gros shako de la landwehr prussienne, marchant à sa rencontre, avec armes et bagages, mais de l'allure caractéristique de l'homme saisi par le froid au sortir du cabaret.

Il évite à droite : le landwehr lui barre le chemin. Il évite à gauche : l'Allemand se jette encore devant lui. Il revient au milieu du pont, il s'arrête, comptant que l'ivrogne choisira lui-même son passage... Non... Ce n'est plus à gagner la gare qu'il pense, le Teuton, c'est à tomber sus à ce Français, à ce prêtre que, s'animant dans son délire, il traite désormais en adversaire.

Il dégaîne en jurant, son sabre cherche l'économe : l'économe esquive le coup, puis encore un, puis encore un autre. Le landwehr s'exaspère ; de ses moulinets furieux, il barre la voie, il en bat alternativement les deux bords, suivant que le prêtre cherche issue à droite ou à gauche...

Il faut passer, cependant, car, en arrière, c'est la ville dont chaque maison héberge un ou plusieurs ennemis, prêts à s'ameuter au hurlement d'un des leurs ; c'est le poste de landwehr que, d'un moment à l'autre, peut mettre en éveil le sauvage *crescendo* de l'ivrogne. Un bond, et l'économe passera : après, de ses grandes enjambées, il aura vite mis du terrain entre lui et le furieux escrimeur. Ce bond, il l'essaye... mais la lame l'a frappé au front ; ce coup l'a presque étourdi ; le sang coule et l'aveugle.

Sa vigueur l'empêche de tomber, mais son élan l'a entraîné, et avant que le revers du moulinet ne l'atteigne une seconde fois, il a saisi son agresseur à la gorge.

Celui-ci roule, à demi étranglé.

Le prêtre va poursuivre sa route. Mais il voit le vaincu demeurer sans mouvement, il se penche, il le soulève miséricordieusement... Tous les soins seraient inutiles, la tête a porté contre une borne, le crâne est enfoncé...

Alors, sans hésiter, l'économe enlève le corps inerte jusque par-dessus le parapet ; un effort encore, et c'est fait... le sabre, ramassé à son tour, prend le même chemin. Le bruit sourd de l'onde entr'ouverte sous le choc s'éteint sans trouver d'écho ; sur le pont, aux abords, personne ne parle, personne ne vient ; en haut, rien ne bouge, et, en bas, les rides de l'eau se perdent dans les remous du courant...

Un peu troublé de l'issue tragique de sa rencontre inattendue, le prêtre éponge le sang qui coule de son front ; murmurant le *Miserere,* il marche vite, plus vite qu'à l'enterrement, il courrait, s'il ne craignait de sembler fuir... Il évite le portail de l'Abbaye : un économe n'a-t-il pas la clef du jardin ? Il se glisse dans l'ombre, craignant d'être rencontré, redoutant par-dessus tout de faire voir sa blessure, la blessure accusatrice... Il a gagné sa chambre, il a brûlé son mouchoir teint de sang, il a appelé la supérieure pour rapprocher les lèvres de la plaie. Ne faut-il pas, pour son salut, pour celui de l'Abbaye, pour celui de la ville même, que cette plaie soit fermée avant que l'eau ne se rouvre sur le corps du landwehr ?

Dieu et les bonnes sœurs aidant, il en fut ainsi.

Sur les pavés du pont, la pluie effaça les traces de sang. Le landwehr manqua le train ; peut-être fut-il porté déserteur...

Quinze jours après, au barrage d'aval, s'arrêtait son corps défiguré, qu'en dépit du poids de l'équipement le gonflement du ventre avait soulevé des profondeurs ; ce corps fut rapporté à la salle des morts, dans l'ambulance même de l'Abbaye. Le médecin, dûment requis par l'autorité, en fit l'autopsie sans désemparer. L'estomac gorgé de vin, les vaisseaux cérébraux gonflés, tout s'accordait à faire voir en ce mort quelque victime de l'ivresse.

La conclusion s'imposait.

Ivre, ce soldat a, selon l'habitude des ivrognes, regardé couler l'eau ; il a perdu l'équilibre ; dans sa chute, la tête a porté sur l'une des piles du pont, le sabre s'est échappé du fourreau....

L'économe avait, depuis plusieurs jours déjà, repris son service. Personne ne le troubla dans l'administration de son ambulance ; personne ne le questionna sur l'origine de la mince raie rouge qui accentuait son sourcil.

On crut seulement remarquer que la prédilection témoignée par les sœurs au turco et au franc-tireur, lui semblait l'éprouver pour les hommes de la landwehr que le typhus et la variole amenaient à l'Abbaye.

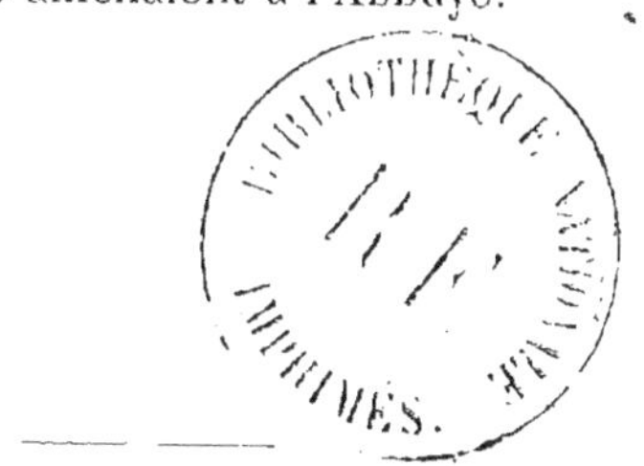